Neue Tontopf-figuren

Natalie und Annette Kunkel

Rabe

Verbinden Sie Kopf und Rumpf wie auf Seite 5 (Schritt 2) beschrieben. Mit den überhängenden Bastfäden binden Sie den Chenilledraht für die Beine mittig fest. In die Moosgummifüße stechen Sie je ein Loch und stecken hier den Chenilledraht ein. Fixieren Sie die Holzkugel als Perückenunterlage im oberen Tontopf. Kleben Sie nun Federn um den Topfrand herum, markieren Sie dann auf dem Oberkopf einen Punkt als Wirbel und kleben Sie von diesem ausgehend strahlenförmig Federn auf, bis der Untergrund verdeckt ist. Für die Flügel werden jeweils zwei Federn rechts und links angebracht.
Der Stab wird von unten durch die Topföffnung geführt und festgeklebt. Zuletzt fixieren Sie den Schnabel und die Augen.

Motivhöhe
ca. 12 cm

Material
- Je 1 Mini-Tontopf, ø 3,5 cm, ø 5 cm
- Holzkugel mit Loch, ø 3,5 cm
- 1 Packung Marabufedern: schwarz
- 2 Wackelaugen, ø 6 mm
- Moosgummi, 2 mm stark, Rest: orange
- Chenilledraht, ca. 20 cm lang: schwarz
- Rundholzstab, ø 6 mm, 50 cm lang

Vorlagenbogen A

Fotos: frechverlag GmbH, 70499 Stuttgart; Fotostudio Ullrich & Co., Renningen

Dieses Buch enthält: 1 Vorlagenbogen

Materialangaben und Arbeitshinweise in diesem Buch wurden von den Autorinnen und den Mitarbeitern des Verlags sorgfältig geprüft. Eine Garantie wird jedoch nicht übernommen. Autorinnen und Verlag können für eventuell auftretende Fehler oder Schäden nicht haftbar gemacht werden. Das Werk und die darin gezeigten Modelle sind urheberrechtlich geschützt. Die Vervielfältigung und Verbreitung ist, außer für private, nicht kommerzielle Zwecke, untersagt und wird zivil- und strafrechtlich verfolgt. Dies gilt insbesondere für eine Verbreitung des Werkes durch Film, Funk und Fernsehen, Fotokopien oder Videoaufzeichnungen sowie für eine gewerbliche Nutzung der gezeigten Modelle.

Auflage:	5.	4.	3.	2.	Letzte Zahlen
Jahr:	2006	2005	2004	2003	2002	maßgebend

© 2002

ISBN 3-7724-3081-3 · Best.-Nr. 3081

frechverlag GmbH, 70499 Stuttgart
Druck: frechdruck GmbH, 70499 Stuttgart

Lassen Sie sich von uns mitreißen, gestalten Sie mit uns Figuren aus den vielseitigen Tontöpfen. Unsere neuesten Dekoideen sehen Sie in diesem Buch: einen fröhlichen Schmetterling für Ihr Blumenfenster, einen niedlichen Marienkäfer oder eine farbenfrohe Libelle mit Klangspiel für Ihren Wintergarten, Katz und Maus beim Angeln für Ihren Gartenteich, einen ganz großen Nachtwächter als Wachposten vor Ihrer Haustür und vieles mehr. Ob ganz leicht und schnell oder etwas aufwändiger, in diesem Buch haben wir viele ausgefallene Gestaltungsideen mit Tontöpfen für Sie zusammengetragen. Suchen Sie sich gleich Ihre Lieblingsfigur aus und lassen Sie sich anstecken vom „Tontopffigurenfieber".

Viel Spaß beim Basteln und viel Freude beim Dekorieren wünschen Ihnen

Natalie Runkel

und *Annette Stümpel*

Material

Für die Figuren werden verschiedene **TONTÖPFE** verwendet: herkömmliche, glockenförmige, etwas höhere Rosentöpfe sowie Blumenschalen. Alle Tontöpfe erhalten Sie im Bastelgeschäft oder Baumarkt.

NATURBAST wird zum Zusammenbinden der Figur und zum Anknüpfen der Arme und Beine verwendet.

HOLZLEIM hat eine hohe Klebekraft und bietet sich deshalb zum Zusammenkleben der Tontöpfe an. Durch die flüssige Konsistenz hat er jedoch den Nachteil, dass er eine lange Abbinde- und Trockenzeit hat. Für Teile, die waagrecht geklebt werden müssen, und für das Ankleben der Haare und der Accessoires empfehlen wir Ihnen deshalb einen **KRAFTKLEBER**.

Zum Bemalen der Tontöpfe verwenden wir **BASTELFARBEN**. Das sind Acrylfarben auf Wasserbasis, die hochdeckend und schnelltrocknend sind.

So wird´s gemacht

Übertragen der Gesichtskonturen
Übertragen Sie die Konturen von der Vorlage auf Transparentpapier. Legen Sie nun Pauspapier mit der beschichteten Seite auf den Tontopf, ziehen Sie es stramm und fixieren Sie es mit Klebefilm. Falls der Topf gerundet ist, schneiden Sie das Papier am unteren und oberen Rand mehrmals ein. Positionieren Sie dann die übertragene Vorlage und befestigen Sie sie ebenfalls mit Klebefilm. Ziehen Sie nun die Konturen des Motivs mit einem Kugelschreiber langsam und mit festem Druck nach. Entfernen Sie das Transparent- und das Pauspapier. Malen Sie die Flächen aus und betonen Sie zuletzt die Konturen der Flächen mit einem Lackstift.

Ihre Grundausstattung

Diese Materialien und Hilfsmittel benötigen Sie für die verschiedenen Figuren in diesem Buch, sie werden nicht gesondert bei den einzelnen Objekten aufgeführt.

- Holzleim, Kraftkleber (z. B. Uhu Kraft), evtl. Heißkleber
- Holzstäbchen, z. B. Schaschlikspieße
- Naturbast
- Pinsel und Glas
- Schere
- Bleistift
- Klebefilm
- Pauspapier
- Transparentpapier
- Kugelschreiber
- Lackstift: rot, schwarz

Zusammenbinden der Tontöpfe

TYP 1: SITZENDE FIGUR MIT BEINEN

1. Schneiden Sie dem Topfboden entsprechend lange Holzstäbe zu. Verknoten Sie nun einen Baststrang aus vier bis fünf ca. 50 cm langen Fäden in der Mitte. Dabei schieben Sie kurz vor dem Zusammenziehen des Knotens drei bis vier Hölzchen ein. Knüpfen Sie einen weiteren Knoten, damit die Hölzer nicht herausrutschen können. Dann drücken Sie die Hölzchen in die Öffnung des für den Rumpf vorgesehenen Tontopfes und stellen sie quer. Die überstehenden Bastfäden lassen Sie zum Anknüpfen der Arme rechts und links herunterhängen.

2. Um den Kopf zu fixieren, bereiten Sie wie oben beschrieben einen weiteren Baststrang vor und fädeln diesen durch das Loch des entsprechenden Kopf-Topfes. Führen Sie dann die Enden der Bastfäden weiter durch die Öffnung des Rumpfes. Verknoten Sie nun die Fäden über den hier bereits vorhandenen, quer gestellten Hölzchen. Überstehender Bast bleibt zum Anknüpfen der Beine hängen.

3. Für die Arme fädeln Sie den Baststrang durch die Öffnung des Minitöpfchens und schieben dieses bis zum Schulteransatz. Machen Sie einen lockeren Knoten und schieben Sie diesen so weit wie möglich in das Innere des Töpfchens. Damit die Bastfäden zwischen den Töpfchen nicht sichtbar sind, müssen die Tontöpfe vor dem Verknoten ineinander geschoben werden. Vorher

Unsere Tipps

- Die bei den Figuren gezeigten Accessoires sind nur Vorschläge. Sie können sie nach Ihrem Geschmack beliebig austauschen.
- Konturen und Gesichter gelingen sicher, wenn Sie sie zunächst mit einem Bleistift auf dem Tontopf vorzeichnen. Misslungene Linien können Sie so leicht wieder ausradieren und korrigieren.
- Zum Aufmalen von Konturen, Augen und Mundlinien verwenden Sie am besten einen Lackstift. Das geht leichter als mit Pinsel und Farbe.
- Falls der Kopf einer Figur wackelt, können Sie die Lücke mit etwas Heißkleber füllen.

können Sie zusätzlich eine Holzperle einfädeln, dann rutscht der Bastknoten nicht durch das Loch am Topfboden. So beide Arme anbringen. Bei der Anordnung der Töpfchen orientieren Sie sich an der jeweiligen Abbildung.

4. Die Beine werden auf die gleiche Weise gefertigt. Setzen Sie den ersten Knoten genau unterhalb des Topfrandes.

TYP 2: STEHENDE FIGUR

Die Herstellung des Oberkörpers gleicht dem Typ 1. Bei den stehenden Figuren entfällt lediglich das Anknüpfen der Beine (Schritt 4). Schneiden Sie die dafür vorgesehenen Bastfäden 3 bis 4 cm unterhalb des Knotens ab und kleben Sie das Rumpfteil mit Holzleim auf den für das Unterteil vorgesehenen Topf. Die mit Holzleim geklebten Teile müssen über Nacht trocknen.

Vogeltränke oder Blumenpodest

Bekleben Sie den inneren Rand des Topfuntersetzers mit ca. 20 cm langen Basthaaren. Setzen Sie diesen auf den Boden des Rosentopfes und kleben Sie ihn fest. Schneiden Sie nun die Haare in Form und gestalten Sie das Gesicht gemäß der Abbildung. Zuletzt fixieren Sie die Tonschale, die Sie bepflanzen können.

Unser Tipp
Wenn Sie statt der Tonschale einen wasserdichten Untersetzer verwenden, kann die Figur auch als Vogeltränke dienen.

Motivhöhe
ca. 50 cm

Material
- Rosentopf, ø 20 cm, 36 cm hoch
- Tonuntersetzer, ø 14 cm
- Blumenschale, ø 22 cm
- Strang Naturbast
- 2 Wackelaugen, ø 18 mm
- Holzkugel, ø 2 cm: rot

Vorlagenbogen A

7

Sitzhöhe Katze

ca. 35 cm

Material Katze

- Tontopf, Glockenform, ø 17 cm
- Tontopf, ø 16 cm
- Mini-Tontöpfe, 1 x ø 3 cm, 8 x ø 3,5 cm, 6 x ø 5 cm
- Je 2 Holzkugeln mit Loch, ø 2 cm, ø 3 cm
- Strohhut, ø 28 cm
- Rundholzstab, ø 4 cm, 40 cm lang
- Angelschnur, ca. 20 cm lang
- Holzfisch, 4 cm lang
- Moosgummi, 2 mm stark, Rest: hellbraun
- Cutter

Vorlagenbogen A

Sitzhöhe Maus

ca. 17 cm

Material Maus

- Je 1 Tontopf, ø 6 cm, ø 8 cm
- Mini-Tontöpfe, 2 x ø 2,5 cm, 10 x ø 3,5 cm
- Strohhut, ø 11 cm
- Moosgummi, 2mm stark, Rest: grau
- 5 Holzkugeln mit Loch, ø 2 cm
- Schaschlikstäbchen
- Angelschnur, ca. 20 cm lang
- Holzfisch, 3 cm lang
- Halbperle, ø 6 mm: schwarz
- Cutter

Vorlagenbogen A

Katz und Maus

Fertigen Sie beide Grundfiguren (Typ 1) nach der Anleitung auf Seite 5, wobei Sie die überstehenden Bastfäden an den Armen nicht abschneiden. Malen Sie die Gesichter auf, die Maus erhält eine Halbperle als Nase. Schneiden Sie nun die Ohren aus Moosgummi zu. Zum Einstecken der Ohren schneiden Sie mit dem Cutter bei der Katze je einen senkrechten (5 cm) und bei der Maus je einen waagrechten Schlitz (1cm) in den Hut. Schieben Sie die Ohrenansätze hinein, bei der Maus falten Sie sie zuvor mittig. Fixieren Sie die Ohren auf der Innenseite des Hutes mit etwas Klebstoff und bringen Sie die Hüte auf den Tontöpfen an.

Nun erhalten die Tiere ihre Angeln, die Sie aus dem Rundholzstab bzw. dem Schaschlikstäbchen und der Angelschnur fertigen. Knoten Sie die Fische daran und fixieren Sie den Knoten zusätzlich mit Klebstoff. Als Haltevorrichtung für die Angel kleben Sie am Topfrand etwas schräg nach oben gerichtet bei der Katze ein Mini-Tontöpfchen und bei der Maus eine Holzkugel mit Holzleim fest (Loch zeigt nach oben). Der Leim muss dann über Nacht trocknen.

An die Arme der Katze fädeln Sie nun je eine kleine und eine große Holzkugel auf, die Maus erhält zwei kleine. Nun setzen Sie jeweils die beiden letzten Kugeln wie zwei übereinandergelegte Fäuste mit der Öffnung nach oben aufeinander. Hierdurch führen Sie den Holzstab der Angel und fixieren sie dann in Tontopf bzw. Holzkugel.

Hahn

Motivhöhe
ca. 40 cm

Material
- Rosentopf, ø 9 cm, 11 cm hoch
- Tontöpfe, Glockenform, 1 x ø 13 cm, 2 x ø 17 cm
- ½ Styroporkugel, ø 6 cm
- 4 Päckchen Hahnenfedern: braun
- Moosgummi, 2 mm stark, Rest: rot, orange
- 2 Halbperlen, ø 6 mm: schwarz
- Klebeband, doppelseitig
- Cutter

Vorlagenbogen A

Der Hahn ist in der Herstellung etwas aufwändiger. Dafür ist er ein ganz besonderes Schmuckstück.
Kleben Sie die beiden großen glockenförmigen Tontöpfe mit Holzleim zusammen. Die Basis für Kopf und Hals bildet ein Rosentopf mit einer am Topfboden aufgeklebten halben Styroporkugel. Vor dem Bekleben mit Federn fixieren Sie den Kamm im Kopf. Dazu schneiden Sie die Styroporkugel mit dem Cutter senkrecht bis auf den Topfboden ein und stecken den mit etwas Klebstoff versehenen Kamm hinein.
Kleben Sie dann die Kopf-Hals-Basis auf den Körper. Vom Halsansatz (Topfrand des Rosentopfes) beginnend, werden mehrere Schichten Hahnenfedern aufgeklebt, bis der Untergrund verdeckt ist. Dabei lassen Sie die Federn in der ersten Reihe am Halsansatz ca. 5 cm über den Topfrand überstehen. Für den Schwanz wird der kleine glockenförmige Tontopf ebenso mit Federn beklebt. Zum Fixieren des Schwanzteiles legen Sie den Hahn auf den Bauch, wobei Sie ihn am Kopfteil sowie auf beiden Seiten z. B. mit Büchern abstützen, damit er nicht wegrollen kann. Am Topfboden des Schwanzteiles bringen Sie kleine Stücke doppelseitiges Klebeband an und tragen dazwischen Holzleim auf. Platzieren Sie nun das Schwanzteil und lassen Sie alles in der abgestützten Position über Nacht trocknen. Rechts und links werden jeweils einige Federn als Flügel aufgeklebt. Zuletzt kleben Sie den Schnabel, die Augen und die Kehlsäcke auf.

Küken

Grundieren Sie zuerst den Tontopf und die Styroporkugel in Gelb. Anschließend kleben Sie beide zusammen (siehe Foto). Markieren Sie nun oben auf dem Kopf einen Punkt und kleben Sie von diesem ausgehend strahlenförmig Federn auf. Für die Flügel fixieren Sie je zwei Federn rechts und links auf dem Töpfchen. Zuletzt kleben Sie den Schnabel und die Augen auf.

Motivhöhe
ca. 11 cm

Material
- Mini-Tontopf, ø 5 cm
- Styroporkugel, ø 4 cm
- 1 Päckchen Marabufedern: gelb
- Bastelfarbe: gelb
- 2 Wackelaugen, ø 6 mm
- Moosgummi, 2 mm stark, Rest: rot

Vorlagenbogen A

Wasserträgerin

Fügen Sie die Figur nach der Grundanleitung (Typ 2, Seite 5) zusammen. Beim Arbeiten der Arme fädeln Sie vor jedem Knoten jeweils eine kleine Holzkugel (ø 2 cm) zwischen die Töpfchen. Als Hände ergänzen Sie zuletzt die großen Holzkugeln (ø 3 cm). Lassen Sie die Bastfäden zunächst hängen. Richten Sie den linken Arm nach oben und fixieren Sie ihn, indem Sie den überstehenden Bast am oberen Topfrand festkleben. Malen Sie nun das Gesicht auf. Bekleben Sie dann den Topfuntersetzer am Innenrand mit Basthaaren und fixieren Sie ihn auf dem Kopf. Darauf kleben Sie die Tonschale. Zuletzt schneiden Sie die Haare in Form und verzieren das Kleid der Wasserträgerin mit dem Blumenband.

Unser Tipp
Wenn Sie statt der Tonschale einen wasserdichten Untersetzer verwenden, kann die Figur auch als Vogeltränke dienen.

Motivhöhe
ca. 44 cm

Material
- 1 Tontopf, ø 12 cm
- Je ein Tontopf in Glockenform, ø 13 cm, ø 17 cm
- Mini-Tontöpfe, 2 x ø 3 cm, 6 x ø 3,5 cm
- Tonuntersetzer, ø 14 cm
- Tonschale, ø 22 cm
- Holzkugel mit Loch, 8 x ø 2 cm, 2 x ø 3 cm
- Naturbast: braun
- Blumenband, 15 mm breit, ca. 1,50 m lang: gelb

Vorlagenbogen A

Schildkröte
(Abbildung auch auf Seite 14)

Motivhöhe
ca. 12 cm

Material
- Tonschale, ø 16 cm
- Tonuntersetzer, ø 16 cm
- 4 Mini-Tontöpfe, ø 3,5 cm
- Styroporkugel, ø 5 cm
- 2 Wackelaugen, ø 6 mm
- Halbperle, ø 6 mm: schwarz
- Bastelfarbe: apfel-, tannengrün

Grundieren Sie zuerst die Tonschale, die Mini-Tontöpfe und die Styroporkugel in Tannengrün. Kleben Sie den Topfuntersetzer umgekehrt am unteren inneren Rand der Schale fest. Fixieren Sie die Mini-Tontöpfe als Beine mit Kraftkleber an dem Untersetzer. Malen Sie Mund und Wangen auf die Styroporkugel, kleben Sie die Wackelaugen sowie die Halbperle auf und fixieren Sie den Kopf am Körper.
Das Panzermuster malen Sie nach der Abbildung in Apfelgrün auf den Körper.

13

Schildkröte

(Beschreibung auf Seite 12)

Bastfiguren

(Abbildung auch auf Seite 16/17)

Für den Rock bzw. die Hose benötigen Sie jeweils einen ca. 4 cm dicken, 30 cm langen Baststrang. Für die Haare je nach Frisur ein ca. 2 cm starkes, 10 cm, 20 cm bzw. 25 cm langes Bündel. Für die Arme bereiten Sie ca. 1 cm dicke, 25 cm lange Bastbündel vor. Legen Sie zunächst die für die Arme zuge-

schnittenen Bastbündel um das Holzstäbchen und binden Sie den Bast rechts und links ab. Dann knoten Sie in der Mitte der Arme zwei zweifädige, ca. 30 cm lange Baststränge gegengleich an, einen als Aufhängung, den anderen zum Einbinden des Unterteils.
Führen Sie dann den nach unten hängenden Baststrang durch das Loch des Tontopfes und binden Sie dort den dicken Baststrang für das Unterteil mittig fest.
Bei dem Bastjungen teilen Sie den Bast anschließend und binden zwei Hosenbeine ab.
Den nach oben gerichteten Baststrang fädeln Sie durch das Loch der Holzkugel und binden damit die Haare fest. Die überstehenden Bastfäden verknoten Sie am Ende und verwenden Sie als Aufhängung.
Schneiden Sie die Haare gemäß der Abbildung zurecht, einem Mädchen können Sie Zöpfe flechten.
Kleben Sie nun noch die Knöpfe auf und vervollständigen Sie das Gesicht mit den Wackelaugen, der Halbperle als Nase und dem aufgezeichneten Mund.

Motivhöhe
ca. 20 cm

Material pro Figur
- Tontopf, ø 6 cm
- Holzkugel mit Loch, ø 5 cm
- Naturbast: grün, grün und braun bzw. orange
- Knöpfe, ø ca. 1 cm: 3 x rosa, 3 x braun bzw. 4 x grün
- Holzstäbchen, ø 3 mm, 25 cm lang
- 2 Wackelaugen, ø 6 mm
- Halbperle, ø 4 mm: schwarz

Bastfiguren
(Beschreibung auf Seite 14/15)

Nachtwächter

Für den Hut bemalen Sie einen glockenförmigen Tontopf (ø 20 cm), den Untersetzer und den oberen Rand des Kopf-Topfes (ebenfalls Glockenform, ø 20 cm). Ebenso grundieren Sie den großen glockenförmigen Tontopf für den Rumpf, sechs Tontöpfe (ø 5 cm) für die Arme und den Rand des untersten Topfes. Fügen Sie dann die Teile nach der Anleitung auf Seite 5 (Typ 2) zusammen, wobei Sie die überstehenden Bastfäden an den Armen nicht abschneiden. Kleben Sie die Wackelaugen und die Nase auf und malen Sie den Mund nach der Abbildung. Den Schnurrbart schneiden Sie aus grau meliertem Langhaarplüsch zu und befeuchten die Plüschhaare mit Haarspray. Scheiteln Sie den Bart in der Mitte. Drehen Sie die Haare links und rechts über einen Bleistift, stecken Sie dann die Locken mit einem Haarclip oder einer Büroklammer fest und lassen Sie das Teil trocknen. Nach dem Trocknen kleben Sie den Schnurrbart auf. Für die Haare kleben Sie den schwarzen Langhaarplüsch am Topfrand fest und schneiden die Haare dann in Form. Kürzen Sie nun einen ausrangierten Gürtel auf die benötigte Länge und legen Sie ihn dem Nachtwächter um den Bauch. Für die Lanze wird das Moosgummiteil zweimal zugeschnitten und am Rundholzstab festgeklebt. Lanze und Laterne werden dann mit den überstehenden Bastfäden festgebunden. Fixieren Sie die Knoten zusätzlich mit Holzleim, bevor Sie die Bastfäden abschneiden.

Motivhöhe

ca. 65 cm

Material

- Tontöpfe, Glockenform, 2 x ø 20 cm, 1 x ø 23 cm
- Tontopf, ø 22 cm
- Mini-Tontöpfe, 2 x ø 3,5 cm, 6 x ø 5 cm
- Topfuntersetzer, ø 26 cm
- Bastelfarbe: dunkelblau
- 2 Wackelaugen
- Holzkugel, ø 2 cm: rot
- Langhaarplüsch, 2 cm breit, ca. 70 cm lang: schwarz
- Langhaarplüsch, Rest: grau meliert
- Gürtel, 3 cm breit, 90 cm lang
- 6 Knöpfe, ø 18 mm
- Rundholzstab, ø 8 mm, 50 cm lang
- Moosgummi, 2 mm stark, A4: grau
- Minilaterne, 15 cm hoch
- Haarclip oder Büroklammer

Vorlagenbogen A

19

Wichtel
(Beschreibung auf Seite 23)

Motivhöhe
ca. 48 cm

Material
- Mini-Tontöpfe,
  3 x ø 3 cm,
  5 x ø 3,5 cm,
  1 x ø 5 cm
- Je 1 Tontopf,
  ø 8 cm, ø 11 cm,
  ø 12 cm
- Tontopf, Glockenform, ø 13 cm
- Naturbast
- Holzperle,
  ø 15 mm: rot
- 2 Wackelaugen,
  ø 14 mm
- 2 Holzkugeln mit Loch, ø 3 cm
- Bastelfarbe: rot, blau
- 2 Knöpfe,
  ø 18 mm: rot
- Gemüsekiste,
  10 cm x 8 cm: blau
- Diverses Miniaturgemüse

Zwerg
(Abbildung auch auf Seite 20)

Für die Mütze grundieren Sie einen glockenförmigen Tontopf sowie drei Mini-Tontöpfe (ø 5 cm, 3,5 cm und 3 cm) in Rot. Kleben Sie die Tontöpfe nach dem Trocknen mit Holzleim zusammen, dabei kippen Sie die Mini-Tontöpfe etwas (siehe Foto).

Der große Tontopf, die restlichen Mini-Tontöpfe und der Rand des untersten Tontopfes werden für die Jacke blau angemalt. Fügen Sie sie nach der Anleitung auf Seite 5 (Typ 2) zusammen. Den an den Armen überstehenden Bast schneiden Sie nicht ab.

Positionieren Sie die Wackelaugen und die Nase und malen Sie den Mund auf. Bekleben Sie dann den Innenrand der Mütze mit ca. 10 cm langen Basthaaren. Stülpen Sie die Mütze über den Kopf und fixieren Sie sie etwas nach hinten geneigt. Schneiden Sie nun die Haare in Form.

Als Verzierung bringen Sie auf der Jacke zwei Knöpfe an. Zuletzt binden Sie die Gemüsekiste an den überstehenden Bastresten der Arme fest und befüllen sie mit dem Gemüse.

Wichtel

(Abbildung auch auf Seite 21)

Kopf (Glockenform, ø 11 cm) und Unterteil (Tontopf, ø 11 cm) belassen Sie im Naturton, die übrigen Teile grundieren Sie in Grün. Dann fertigen Sie die Grundfigur (Typ 2, Seite 5). Schneiden Sie die überstehenden Bastenden an den Armen nicht ab.
Kleben Sie nun den Hut gemäß der Abbildung mit Holzleim zusammen. Nach dem Trocknen bringen Sie an der Innenseite des Hutrandes die Basthaare an. Fixieren Sie den Hut dann leicht nach hinten gekippt auf dem Kopf und schneiden Sie anschließend die Haare in Form.
Malen Sie die Iris der Augen mit weißer Farbe auf, konturieren Sie sie mit einem Lackstift und kleben Sie dann je eine Halbperle als Pupille auf. Platzieren Sie danach die Nase und zeichnen Sie Mund und Wangen gemäß der Abbildung. Die Jacke verzieren Sie mit Knöpfen.
Nun befestigen Sie beidseitig ca. 30 cm lange Tragegurte aus Naturbast an der Kiepe.
Hängen Sie die Kiepe über die Schultern und binden Sie die Gurte mit den überstehenden Bastenden an den Händen fest. Schneiden Sie überstehende Bastreste ab und fixieren Sie die Knoten mit etwas Holzleim.

Motivhöhe
ca. 40 cm

Material
- Je 1 Glockentopf, ø 11 cm, ø 13 cm
- Je 1 Tontopf, ø 8 cm, ø 11 cm
- Mini-Tontöpfe, 3 x ø 3,5 cm, 4 x ø 3 cm
- Tonuntersetzer, ø 12 cm
- 2 Halbperlen, ø 6 mm: schwarz
- Holzkugel, ø 15 mm: rot
- 2 Holzkugeln mit Loch, ø 3 cm
- Bastelfarbe: grün
- Naturbast: braun
- 3 Knöpfe, ø 15 mm
- Kiepe, ø 12 cm, 14 cm hoch

Vorlagenbogen A

Motivhöhe
ca. 40 cm

Material
- Je 1 Tontopf, ø 12 cm, ø 16 cm
- Je 1 Tonuntersetzer, ø 12 cm, ø 16 cm
- 4 Mini-Tontöpfe, ø 5 cm
- Bastelfarbe: weiß
- 2 Halbperlen, ø 6 mm
- Moosgummi, 2 mm stark, A4: braun
- Schwämmchen (Küchenschwamm), Klarsichtfolie

Vorlagenbogen A

Wachhund

Fixieren Sie zuerst die Mini-Tontöpfe als Beine mit Kraftkleber am größeren Topfuntersetzer. Verbinden Sie dann Kopf und Körper nach der Anleitung auf Seite 5 (Schritt 1).
Bestreichen Sie nun den inneren Rand des Körpers mit Holzleim und kleben Sie das Fußteil fest. Schneiden Sie die Ohren zu und kleben Sie diese am Topfansatz des Kopfes fest. Verschließen Sie den Kopf-Topf mit dem passenden Topfuntersetzer. Die Beine, der Bauch und das Gesicht werden durch die weißen Flächen plastisch etwas hervorgehoben. Zeichnen Sie sich dazu nach der Abbildung mit einem Bleistift Hilfslinien ein. Tupfen Sie dann mit einem nassen Schwamm die weiße Farbe auf. Malen Sie, nachdem die Farbe getrocknet ist, das Gesicht nach der Vorlage und kleben Sie die Halbperlen auf.
Zwischen den Beinen zeichnen Sie zuletzt die schwarze Linie mit einem Lackstift auf (siehe Abbildung).

Unser Tipp
Mit einem einfachen Spülschwämmchen aufgetragen, wirkt die Farbe besonders gleichmäßig. Schneiden Sie das Schwämmchen in der gewünschten Größe zu. Geben Sie etwas Farbe auf eine Folie, nehmen Sie die Farbe mit dem Schwamm auf und tupfen Sie sie gleichmäßig auf. Für einen kräftigeren Farbton wiederholen Sie diesen Vorgang nach dem Trocknen der ersten Farbschicht.

Libelle
(Beschreibung auf Seite 28)

Kleine Schmetterlinge
(Beschreibung auf Seite 29)

Libelle

(Abbildung auch auf Seite 26)

Motivhöhe
ca. 35 cm

Material
- Rosentopf, ø 7 cm, 9 cm hoch
- Tontopf, ø 6 cm
- Je 1 Holzkugel mit Loch, ø 3,5 cm, ø 5 cm
- 2 Holzperlen, ø 12 mm: grün
- Holzkugel, ø 10 mm: grün
- 2 Wackelaugen, ø 6 mm
- Chenilledraht, 15 cm lang: grün
- Klangspielset mit Abstandhalter
- Bastelfarbe: hell-, apfelgrün, lila
- Mobilefolie, A4
- Faserseide
- Schwämmchen
- Serviettenkleber

Vorlagenbogen B

Grundieren Sie den Tontopf, den Rosentopf und die große Holzkugel in Hellgrün. Dann malen Sie die lila Streifen auf, beim kleinen Topf am Topfrand und ca. 1,5 cm breit oberhalb des Topfbodens, beim Rosentopf ebenso am Topfrand sowie ca. 2 cm breit in der Topfmitte. Dann betupfen Sie die hellgrün grundierte Fläche mit einem nassen Schwämmchen mit apfelgrüner Farbe (siehe Anleitung Seite 24 und Foto).
Die Aufhängevorrichtung wird nach der Anleitung (Seite 5, Schritt 1) gefertigt, wobei die überstehenden Bastfäden durch die grün bemalte Holzkugel weitergeführt werden. Anschließend verbinden Sie mit Klebstoff den Kopf und das Unterteil. Für die Fühler schneiden Sie aus dem Chenilledraht zwei ca. 10 cm lange Stücke zu. Diese kleben Sie in der Öffnung des Kopfes fest und fixieren an den anderen Chenilledrahtenden je eine grüne Perle. Gestalten Sie das Gesicht mit Holzkugel-Nase und Wackelaugen und malen Sie die Mundlinie mit einem roten Lackstift auf. Mithilfe von Serviettenkleber fixieren Sie die Faserseide auf der Mobilefolie.
Schneiden Sie dann die Flügel aus und kleben Sie sie auf.
Nun fädeln Sie die Aufhängefäden der Klangstäbe und der Kugel durch die Löcher der Abstandhalter und verknoten sie. Zuletzt wird das Klangspiel auf dem Topfboden festgeklebt.

Unser Tipp
Wollen Sie die Libelle im Freien verwenden, betupfen Sie die Mobileflügel mithilfe eines nassen Schwämmchens mit wasserfesten Bastelfarben.

Kleine Schmetterlinge

(Abbildung auch auf Seite 27)

Grundieren Sie die Mini-Tontöpfe, die Wattekugeln und die Holzkugel in Schwarz. Fertigen Sie eine Aufhängevorrichtung nach der Anleitung auf Seite 5 (Schritt 1). Führen Sie den Aufhängefaden durch die Holzkugel weiter. Verbinden Sie dann den Kopf und den Unterkörper mit Klebstoff. Zweiteilen Sie den Chenilledraht und stecken Sie die Wattekugeln an jeweils ein Ende. Tragen Sie an den anderen Enden Klebstoff auf und fixieren Sie die Fühler in die Kugelöffnung.
Schneiden Sie die Flügel aus Mobilefolie zu. Die Farben werden nach der Vorlage oder nach Ihrer Fantasie mit einem nassen Schwamm aufgetupft (siehe Seite 24). Fixieren Sie die Flügel und die Wackelaugen und malen Sie die Mundlinie mit einem roten Lackstift auf.

Motivhöhe
ca. 12 cm

Material pro Schmetterling
- 2 Mini-Tontöpfe, ø 3,5 cm
- Holzkugel mit Loch, ø 3 cm
- 2 Wattekugeln, ø 1 cm
- Chenilledraht, ca. 10 cm lang: schwarz
- 2 Wackelaugen, ø 4 mm
- Mobilefolie, A4
- Bastelfarbe: gelb, rot, violett

Vorlagenbogen B

Stehender Schmetterling

Bemalen Sie alle Tontöpfe mit schwarzer Farbe, nur das Gesicht belassen Sie im Naturton. Verknüpfen Sie die Teile nach der Anleitung auf Seite 5/6 (Typ 2). Kleben Sie dann die Styroporkugel auf dem Kopf fest. Zum Befestigen der Fühler stechen Sie mit einer Stricknadel zwei Löcher in die Styroporkugel. Gestalten Sie das Gesicht gemäß der Abbildung. Schneiden Sie nun die Flügel aus der Mobilefolie zu und gestalten Sie sie mithilfe eines nassen Schwämmchens mit Bastelfarbe. Ebenso betupfen Sie den unteren Topfrand des Körpers. Fixieren Sie dann die Flügel.

Motivhöhe
ca. 20 cm

Material
- Tontopf, Glockenform, ø 9 cm
- Tontopf, ø 6 cm
- Mini-Tontöpfe, 4 x ø 3 cm, 1 x ø 5 cm
- 2 Wackelaugen, ø 6 mm
- Holzperle, ø 10 mm: rot
- Mobilefolie, A4
- ½ Styroporkugel, ø 5 cm
- Chenilledraht, 15 cm lang: schwarz
- Bastelfarbe: schwarz, lila, blau, gelb
- Stricknadel

Vorlagenbogen B

Marienkäfer

Grundieren Sie die halbierte Styroporkugel, den großen Tontopf, den Rand des Kopf-Topfes und die Füße in Schwarz.
Setzen Sie die Figur gemäß der Anleitung auf Seite 5 (Schritt 1 und 2) zusammen. Statt Bastfäden wird für die Arme ein ca. 20 cm langes, für die Beine ein ca. 40 cm langes Stück Chenilledraht mittig eingebunden (siehe Seite 5, Schritt 1).
Fädeln Sie für die Hände die schwarzen Kugeln auf den Chenilledraht. Tragen Sie dafür ca. 1 cm oberhalb der Drahtenden etwas Klebstoff auf und fixieren Sie daran die Hände. Die überstehenden Enden dienen zur Befestigung der Arme an der Schaukel.
Befestigen Sie nun die Füße. Kleben Sie die halbe Styroporkugel auf den Kopf und gestalten Sie das Gesicht. Für die Fühler bohren Sie mit einer Stricknadel zwei Löcher in die Styroporkugel und bemalen die Wattekugeln rot. In jede Wattekugel stecken Sie dann ein ca. 10 cm langes Stück Chenilledraht, dessen anderes Ende Sie mit etwas Klebstoff in den Löchern an der Styroporkugel befestigen.
Bekleben Sie die Mobilefolie mit Faserseide, schneiden Sie die Flügel aus und setzen Sie die schwarzen Punkte mit einem Lackstift auf. Fixieren Sie nun die Flügel.
Für die Schaukel schneiden Sie aus einem Holzspatel zwei Stücke á 4 cm zu, dieses sind die Querstreben. Zwei Baststücke á 50 cm halten die Schaukel, sie werden auf den Querstreben flach ausgebreitet und mittig aufgeklebt. Darauf kleben Sie die beiden anderen Holzspatel. Auf diese kleben Sie die Figur so, dass sie das Gleichgewicht hält. Zusätzlich hält sich die Figur mit den Chenilledrahtarmen fest.

Motivhöhe
ca. 25 cm

Material
- Je 1 Tontopf, ø 5cm, ø 7 cm
- ½ Styroporkugel, ø 5 cm
- 2 Wackelaugen, ø 6 mm
- Holzkugel, ø 10 mm: rot
- 2 Holzkugeln mit Loch, ø 2 cm: schwarz
- 2 Wattekugeln, ø 2 cm
- Chenilledraht, ca. 80 cm lang: schwarz
- 2 Marionettenfüße, 32 mm x 24 mm
- Bastelfarbe: schwarz, rot
- Mobilefolie, A4
- Faserseide, A4: rot
- 3 Holzspatel, 2 cm breit, 15 cm lang
- Stricknadel

Vorlagenbogen B

Minitroll

Bemalen Sie das Tontöpfchen und die großen Perlen in Orange, die Schuhe in Braun. Fertigen Sie die Figur wie auf Seite 5 (Typ 1) beschrieben. Für die Arme fädeln Sie Holzkugeln statt Tontöpfchen auf. Für die Beine binden Sie Chenilledraht in den überstehenden Bast mittig ein. Die Enden des Chenilledrahtes versehen Sie mit Klebstoff, bevor Sie die Marionettenfüße daran befestigen. Tragen Sie dann auf die Mitte des Fellrestes etwas Klebstoff auf und legen Sie die Perücke an. Schneiden Sie die Enden eventuell ein, damit sich keine Falten bilden. Kleben Sie dann die restliche Perücke fest. Malen Sie nun die Augen und den Mund nach der Vorlage und kleben Sie die Halbperle als Nase auf.

Motivhöhe
ca. 15 cm

Material
- Tontopf, ø 5 cm
- Holzkugel mit Loch, 2 x ø 18 mm, 4 x ø 2 cm, 1 x ø 4 cm
- Chenilledraht, 20 cm lang: grün
- 2 Marionettenfüße, 32 mm x 24 mm
- Halbperle, ø 6 mm: schwarz
- Fellrest, ca. 8 cm x 8 cm
- Bastelfarbe: orange, braun

Vorlagenbogen B